ARRÊT

DU CONSEIL D'ETAT

DU ROY,

Du 28 Février 1747.

CONTENANT L'ADJUDICATION

de l'entretien du Pavé de la Ville, Fauxbourgs & Banlieuë de Paris, au profit du Sieur OUTREQUIN.

A PARIS;

De l'Imprimerie de PAULUS-DU-MESNIL,
ruë de la Vieille Draperie.

M. DCC. XLVII.

ARRÊT

DU CONSEIL D'ETAT

DU ROY,

Du 28 Février 1747.

CONTENANT L'ADJUDICATION
de l'entretien du Pavé de la Ville, Fauxbourgs & Banlieuë de Paris, au profit
du Sieur OUTREQUIN.

OUÏS, PAR LA GRACE DE
DIEU, ROY DE FRANCE ET DE
NAVARRE : A tous ceux qui
ces présentes Lettres verront,
SALUT. Nous avons arrêté & fait expé-

A ij

dier en notre Conseil d'Etat le 20e. jour de Septembre 1746, une Affiche contenant qu'il seroit procedé en nôtre Conseil d'Etat, qui se tiendroit à Fontainebleau le Lundy 31e. jour d'Octobre de ladite année 1746, à la Publication & Adjudication du Bail pour neuf années consécutives, qui commenceront au premier Janvier de l'année présente 1747, de l'entretenement du Pavé de Paris, & par Arrêt de notre Conseil nous aurions ordonné qu'il seroit procedé à ladite Adjudication le Samedy 29 dudit mois d'Octobre 1746, à l'issuë de notre Conseil là où il se tiendroit, au lieu dud. jour Lundy 31 du même mois, jour auquel elle avoit été indiquée, & qu'à cet effet il seroit mis & apposé des Affiches aux lieux & endroits accoutumés; led. entretenement du Pavé consistant, suivant lad. Affiche; sçavoir, de toutes les Ruës, Places & Cul-de-Sacs de notre bonne Ville & Fauxbourgs de Paris, non compris les Banquettes des Quais, Ports & Ponts, qui sont à la charge du

Domaine de la Ville, ni les Cloîtres, qui font à la charge des Chapitres, comme aussi les Banlieuës ci-après désignées ; sçavoir, celle de Versailles jusqu'au Pont de Seve ; de Saint Cloud jusqu'au bout du Pavé qui conduit à l'entrée du Pont ; de Surenne jusqu'au Bac, & ensemble le Pavé dans Passy & aux abords du Château de la Meute ; de Neuilly jusqu'à la Porte du Pont, & les Ruës dans Neuilly, dans Clichy & Saint Oüen jusques & compris le Pavé dans les Villages de S. Denis jusqu'où commence l'entretien des Dames de Saint Cyr, proche la Baraque dans l'Avenuë du Bourget, jusqu'à l'encoignure de la premiere Maison du Bourget, ensemble la Chauffée & la Ruë dans Aubervilliers, de Pantin jusqu'à l'encoignure de la derniere Maison du Village de Belleville, jusqu'à l'encoignure de la premiere Maison à l'entrée du Village, & les Chauffées de la Grande Voyerie de Montfaucon, de Mesnil-Montant jusqu'au-de-là de la porte de M. le Pelletier des Forts, & le Pavé de

Chaillou autour du Parc ; de Bagnolet jusques & compris le Village & le bout de la Chauſſée qui conduit à Meſnil-Montant; de Vincennes jusques & compris le Parc avec le Pavé dans SaintMandé ; de Charenton jusqu'à l'entrée du Pont , les parties de Pavé entre cette Chauſſée & celle de Vincennes & celui qui conduit & eſt dans le Village des Carrieres , ainſi que celui dans Bercy ; de Villejuif jusqu'à la Sauſſaye , & les embranchemens d'Ivry & de Vitry , jusques & compris le Pavé dans les Villages ; de la Santé jusqu'à la porte de l'Hôpital d'Arcueil jusqu'à l'encoignure de la premiere Maiſon à l'entrée du Bourg-la-Reine , & le Pavé dans les Villages de Cachant , de Châtillon jusqu'où finit le Pavé du côté de Fontenay-aux-Roſes, & jusqu'au Cailloutis qui conduit à Clamar , enſemble le Pavé dans Bagneux & dans Montrouge ; de Vaugirard à Iſſy jusqu'au Pont de Seve, & les différentes Ruës dans les deux Villages, & généralement tous les embranchemens entre ces différentes Banlieuës, compris les Voyeries & Décharges des Bouës; toutes lefquelles Ruës, Places, Cul-de-Sacs de la Ville & Fauxbourgs de Paris, Chauffées des Banlieuës, embranchemens entre ces Chauffées & Voyries contiennent en fuperficie cinq cens foixante-dix-huit mille huit cens quatre-vingt toifes un pied; le tout aux charges & conditions fuivantes.

ARTICLE PREMIER.

De la quantité ci-deffus il en fera relevé à bout chaque année celle de cinquante-cinq mille toifes fuperficielles dans les endroits indiqués par l'Etat qui fera dreffé par l'Infpecteur en préfence du Commiffaire du Pavé, & approuvé par le Sieur Contrôleur Général de nos Finances, lequel fera enfuite arrêté au Confeil.

II.

Pour la confection de ces relevés à bout l'Adjudicataire établira huit Atteliers, chacun compofé de vingt - cinq

Hommes, compris deux Chefs de Bandes, qu'il choisira bons & intelligens, & dont il sera entierement responsable; ces Atteliers seront bien fournis de Pinces, Pioches, Marteaux, Portraits, Hies, Pelles, Hottes, & Niveaux; ils commenceront dans les premiers jours d'Avril par réparer les relevés à bout de l'année précedente; travailleront ensuite aux relevés à bout indiqués pour l'année courante, & finiront au plûtard en Octobre.

I I I.

Dans les relevés à bout le Pavé qui se trouvera tendre ou au-dessous de six pouces en quarré de face sur six à sept de queuë pour les grands Passages, & cinq sur six de face & six de queuë pour les médiocres, plein & sans démegrissement, sera mis au rebut & remplacé par du Pavé neuf, de huit sur neuf pouces, en tout sens, dur & bien carré; dans les Passages les plus fréquentés il n'en sera employé que de Pontoise & de Palaiseau.

IV.

IV.

Après que le vieux Pavé sera arraché au moins en six toises de longueur, la forme sera piochée, nétoyée des terres, vases & cailloux, qui pourroient se trouver, rafraîchie ou même renouvellée s'il est nécessaire pour lui donner au moins six pouces d'épaisseur sous le Pavé avec Sable pur & graveleux pris à la Riviere ou dans les seules Carrieres de la Plaine des Sablons, de Clichy, de l'Hôpital Général, de Vaugirard ou des Invalides, ou autres Carrieres, qui seront expressément approuvées par le Sieur Contrôleur Général de nos Finances par permission qu'il en donnera par écrit, sans que l'Adjudicataire puisse sous aucun prétexte en tirer ailleurs, sous peine de 200. livres d'amende.

V.

Sur cette forme ainsi piochée & bien dressée, suivant les pentes en tous sens, le vieux Pavé retaillé sans démaigrissement, & le neuf épincé & ébarbé , en s'affujettiffant exactement aux anciens niveaux, fans hauffer ni baiffer, fous quelque prétexte que ce foit, à moins d'un ordre exprès du Commiffaire fur le rapport de l'Infpecteur, feront repofés de bout & de champ par rangées droites & égales, chaque Pavé & liaifon l'un fur l'autre, au moins du tiers de fa longueur & avec le moins de joints qu'il fera poffible, tant en bout qu'en rive, également affermi à coup de marteau du poids de trente-cinq livres, & enfuite battu au refus d'une Hie pefant cinquante-cinq à foixante livres, de façon qu'il ne refte ni enfoncement ni fraches, & que le bombement foit exactement fuivi, relativement aux différentes hauteurs des Revers ou Chauffées ; pour enfuite le tout être recouvert d'un demi pouce d'épaiffeur de Sable , étendu bien également & fans mêlange de pierre ni pierrailles.

V I.

Lorfqu'il fera fait des relevés à bout

sur les Chaussées à deux revers ou bombées dans les Fauxbourgs ou Banlieuës, & aux côtés desquelles il se trouve ou doit se trouver des bordures ; il ne pourra en être employé des anciennes, soit de pierre, soit de grès, qu'elles ne conservent au moins quinze pouces de longueur, neuf de largeur & autant de hauteur, pleines en tous sens ; celles qui seront fournies pour le remplacement seront de grès provenans des Rochers du Roussillon, dans la Forêt de Fontainebleau, ou d'autres approuvés par le Commissaire & par l'Inspecteur ; leur échantillon sera de seize à vingt pouces de longueur alternativement, leur largeur de seize pouces, & leur épaisseur au moins de dix ; elles seront posées sur une forme de Sable, ainsi que le Pavé, en s'assujettissant à tout ce qui est prescrit dans l'article précedent.

V I I.

Dans tous les relevés à bout, il sera fourni sept Pavés neufs par toise superficielle ; c'eft-à-dire, le neuviéme, & fur toutes les Chauffées des Banlieuës & Fauxbourgs, Ruës dans les Fauxbourg & même dans Paris, dans tous les endroits où la fréquence du paffage & la fortie des eaux pourront le permettre, ce neuviéme fera employé de fuite; mais lorfque les longueurs excederont cent toifes, il en fera fait d'abord quatre-vingt-feize toifes de longueur en vieux Pavé, & enfuite douze en Pavé neuf ; lorfque ce remplacement de fuite aura lieu dans Paris, le Pavé neuf fera employé de préference dans les Carrefours & parties les plus étroites des Ruës, la longueur en fera prolongée autant qu'il fera né-ceffaire pour que la fuperficie revienne au neuviéme du total ; mais comme il fe trouvera des Ruës & Chauffées où le fourniffement fera moindre, & d'autres plus forts, il en fera fait compenfation à la fin de chaque année, ou avec les fui-vantes, s'il eft néceffaire.

V I I I.

Avant que chaque Attelier commence dans une Ruë, il y sera fourni au moins quatre tombereaux de Pavé neuf, & autant de Sable, & le fournissement continuera à se faire à mesure des Ouvrages & sans interruption, afin que les matieres nécessaires ne puissent jamais manquer à l'Ouvrier ; l'enlevement des Pavés de rebut, retaillés & mauvaises formes se fera à mesure & de façon que vingt-quatre heures après qu'une Ruë sera pavée, il ne reste aucun décombre provenant dudit ouvrage.

I X.

Lorsqu'il sera indiqué des relevés à bout sur les Banlieuës, les accôtemens ou chemins de terre, d'un & d'autre côté jusqu'aux Fossés, seront en même-tems regalés, en haussant ou baissant, suivant les circonstances, de façon qu'ils ayent partout deux pouces de pente par toise, depuis la bordure jusqu'au

Fossé, & qu'il ne s'y trouve aucune iné-
galité qui les empêche d'être roulans;
les Fossés seront aussi entretenus & re-
nouvellés partout où il sera ordonné.

X.

Si dans les Ruës ou Chaussées à relever à bout il étoit ordonné des exhausse-
mens, retranchemens, changemens de
pentes ou d'alignemens, l'Adjudicataire
n'en pourra prétendre d'indemnité, à
moins que le transport n'excede quinze
toises de distance réduite, les mou-
vemens de terres, changemens & aug-
mentations de forme étant d'ailleurs
à sa charge.

X I.

Lorsqu'il sera indiqué en relevé à
bout des Ruës ou Chaussées faites en
Pavé de rebut ou caillou, il sera fourni
un neuviéme de Pavé neuf & employé
de suite ; & si ce qui restera de rebut au
moins de quatre sur cinq pouces en tout
sens, ne suffisoit pas pour les huit neuvié-

mes reſtans, il en ſera fourni du plus dur
& du plus fort de celui qui ſe fait dans
les autres Ruës.

X I I.

Le ſurplus des Ruës, Places, Cul-
de-Sacs & Chauſſées ſera bien entretenu
ſans trous, rouages ni flaches ; le Pavé
neuf qui y ſera employé ſera des mêmes
qualités & échantillons qu'aux relevés
à bout, & employé avec la même diſ-
tinction de grands & médiocres paſ-
ſages ; mais dans ces dernieres le Pavé
rebuté dans les relevés à bout, & qui
conſervera cinq ſur ſix pouces de face &
ſix pouces de queuë ſans démaigriſſe-
ment, pourra y être employé, pour-
vû qu'il ſoit dur. Sous tous les Pavés vieux & neufs mis en réparation,
la forme ſera piochée, le Pavé bien joint,
garni de Sable, comme à l'Article cinquiéme, & affermi au refus de la Hie ;
& pour l'exécution de ces réparations
ſimples, il ſera établi quatre Atteliers
chacun compoſé d'un Commis ou Pi-

queur, qui pareillement dépendra entierement de l'Entrepreneur, de sept Pa-
veurs ,sept Manœuvres & un Dresseur,
avec deux Voitures ou Tombereaux
pour le transport du Pavé & Sable neuf
& enlevement du rebut & retailles,
qui se fera à mesure : Ces Atteliers travailleront sans interruption toute l'année , excepté les jours de trop fortes
gelées ou de pluyes continuelles , &
seront fournis de tous les Outils nécessaires ; il en sera, de plus , établi un
cinquiéme, & semblablement composé ;
mais dans le travail, borné aux Banlieuës,
ne commencera qu'au premier Mai &
finira au dernier Octobre de chaque année ; le Pavé neuf qui se fera dans le
courant du Bail sera pareillement entretenu.

X I I I.

Lors des réparations simples sur les
Banlieuës, s'il se trouve des trous & en-
foncemens sur les Chemins de terres
ou de buttes faites par des rapports fur-
tifs

tifs de gravois ; les premiers feront remplis , & les derniers régalés ou enlevés fi les accôtemens font affez hauts.

X I V.

Il fera fait chaque année deux mille toifes quarrées de Pavé neuf , dans les lieux & endroits qui feront ordonnés par le Sieur Contrôleur Général de nos Finances.

X V.

Pour la conftruction de ce Pavé l'Adjudicataire fera tenu à la foüille & tranfport de huit cens toifes cubes de terre ; mais feulement à la diftance réduite de quarante toifes , & s'il s'eft fait plus ou moins dans une année , il en fera fait compenfation dans les fuivantes , & compte du total à la fin du Bail.

X V I.

La quantité de Pavé neuf à fournir pour les Ouvrages ci - deffus ne pourra être moindre par chaque année de fix

C

cens quatre-vingt-onze milliers de Pavés, chacun composé d'onze cens vingt-deux Pavés ; sçavoir, de Pontoise, deux cens cinquante milliers ; de Palaiseau , cent cinquante ; de Trin , deux cens soixante-onze milliers , & cinq grands milliers de bordures , faisant vingt milliers. De cette quantité , il en sera rendu sur les Ports & aux Dépôts de Paris avant le mois d'Avril de chaque année celle de quatre cens milliers , dont de chaque espece à proportion & à mesure que le Pavé arrivera , il en sera donné avis aux Commissaire & Inspecteur & aux Sous-Inspecteurs , ausquels Sous-Inspecteurs les Lettres de Voitures seront remises pour dresser leurs Procès - verbaux , de la quantité , qualité & échantillon du Pavé , pour être lesdits Procès - verbaux remis à l'Inspecteur qui les visera & les remettra à la Direction, & en cas qu'il s'en trouve de tendre ou autrement défectueux , il sera rebuté & non compris dans l'approvisionnement.

XVII.

Les Ouvrages faits par ledit Adjudicataire feront toifés & reçus ; fçavoir , ce qui eft en fimple entretien au mois de Décembre de chaque année, & les relevés à bout au mois de Mai de l'année fuivante ; & fi dans le tems des réceptions il y a des malfaçons , il ne fera délivré à l'Adjudicataire aucun rapport de réception , ni aucun mandement , qu'il n'ait réparé lefdites malfaçons ; & dans la réception fera fait mention expreffe de la quantité de Pavé employé pendant l'année , fuivant les Procès-verbaux de vifite des ports & enregiftremens des Lettres de Voitures vifés des Sous-Infpecteurs, qui feront rapportés aufdits Commiffaires & Infpecteurs pour en être fait mention dans lefdites réceptions ; & en outre pour la fûreté dudit emploi fera défendu à l'Adjudicataire, fous peine de 1000 livres d'amende, de vendre , employer en Ouvrages particuliers , ou faire fendre aucuns des Pavés

arrivés sur les Ports, même les défectueux par la qualité ou l'échantillon,
que la quantité n'en ait été préalable-
ment constatée par un Procès-verbal de
l'Inspecteur dressé en présence du Commissaire, pour n'être point compris dans
celle du fournissement auquel il est tenu
par l'Article XVI. L'Adjudicataire sera
pareillement obligé de remettre toutes
les semaines ausdits Commissaire & Inspecteur des notes exactes du Pavé qu'il
employera aux tranchées des Fontaines
& racordemens.

X V I I I.

Il ne sera fait, à peine de 50 livres
d'amende, aucune tranchée de Fontaine,
que par ordre & permission du Bureau
des Finances, & ces tranchées ne pourront être réparées par autres que par
l'Adjudicataire, & suivant qu'il lui sera
indiqué par lesdits Commissaire & Inspecteur Général; & s'il arrivoit que par
rupture des tuyaux le Pavé cedât & fût
enfoncé, ensorte qu'il s'y fit des flaches

par le retardement des Particuliers à les réparer, l'Adjudicataire fera tenu de relever ledit Pavé, après un fimple avertiffement donné aufdits Particuliers de faire rétablir les tuyaux defdites Fontaines, & il y fera travaillé à leurs dépens, dont il lui fera délivré exécutoire par le Bureau des Finances, & fur fon Mémoire arrêté par le Commiffaire fur l'avis de l'Infpecteur, pour être payé defdites réparations, par préférence à tous créanciers; mais s'il arrivoit qu'après le rétabliffement defdites tranchées, il fe formât des flaches par la mauvaife conftruction du Pavé, l'Adjudicataire fera tenu de les relever à fes frais dans toute leur étenduë, fans pouvoir prétendre qu'il lui en foit tenu compte.

X I X.

Il ne fera fait aucun racordement de Pavé, de Bornes, Seüils & Devantures de Maifons, par autre que par ledit Adjudicataire, ainfi qu'il lui fera indiqué par le Commiffaire & par l'Infpecteur;

le tout à peine de 20 livres d'amende contre les contrevenans.

X X.

Il ne fera de même , à peine de 20 livres d'amende, travaillé au rétabliffement des trous caufés par les Etayes qui feront pofés dans les Ruës de Paris à l'occafion des réparations à faire aux Maifons, ou pour faire des Repofoirs & Echaffauts , fi ce n'eft par ledit Adjudicataire , qui fera obligé de le faire dans les vingt - quatre heures , que lefdits Etayes , Repofoirs & Echaffauts auront été ôtés , fuivant les ordres qui lui en feront donnés par lefdits Commiffaire & Infpecteur.

X X I.

L'Adjudicataire aura la faculté de prendre le terrein dans lequel il fe trouvera du Sable propre à fes Ouvrages, en payant feulement le prix de l'efpace dont il aura befoin , fuivant la valeur de l'héritage , & ainfi qu'il fera juftifié par les titres de proprieté.

X X I I.

L'Adjudicataire se trouvera tous les jours sur les Atteliers, & tous les Samedis au Bureau de la Direction, à peine de 50 livres d'amende; le produit de toutes les amendes qui seront prononcées contre l'Adjudicataire pour malfaçons, sera employé en Ouvrages neufs dans les endroits qu'il sera jugé à propos par le Sieur Contrôleur Général de nos Finances.

S'il survient quelque contestation pour raison dudit entretenement du Pavé de Paris, elle sera jugée définitivement par le Bureau des Finances ; défenses de se pourvoir ailleurs, à peine de 200 livres d'amende ; & en cas d'appel les Parties se pourvoiront au Conseil à qui la connoissance en est réservée.

X X I I I.

L'Adjudicataire sera chargé des frais de l'Adjudication & de ceux faits pour y parvenir, & de payer trois deniers pour

livre du fond du préſent Bail au Tréſorier dudit Pavé , comme auſſi de tous
frais de réception.

XXIV.

L'Adjudicataire donnera de bonnes
& ſuffiſantes Cautions, qui feront leurs
ſoumiſſions au Greffe de notre Conſeil
avant la délivrance du Bail.

Autant de ladite Affiche contenant
que ladite publication ſeroit faite le Samedy 29 Octobre 1746 , au lieu du 31
dudit mois , auroit été mis & appoſé le
1 Octobre 1746 en préſence de Fleury
de Gaumont , notre Huiſſier ordinaire
en noſdits Conſeils , à notre vieux Lou-
vre , à Saint Germain l'Auxerrois , aux
portes de notre très-cher & féal Chancelier , du Sʳ. Contrôleur Général de nos
Finances , de notre très-cher & couſin
le Duc de Bethune , Chef du Conſeil
de noſdites Finances , & aux portes des
Sieurs de Baudry , d'Ormeſſon , Orry de
Fulvy , de la Houſſaye , de Trudaine &
de Boulongne, Conſeillers d'Etat, Intendans

dans de nos Finances , au Bureau des
Ponts & Chauffées , aux portes du Sieur
Desnolles, Commissaire du Pavé , du
Sieur de Bayeux, Inspecteur, aux Thuil-
leries, au Palais , à notre Chambre des
Comptes , à la Cour des Aydes , à Saint
Barthelemy , au Palais Royal ; aux por-
tes du Sieur de Marville , Lieutenant
Général de Police , à Saint Roch , à la
ruë du Dauphin , à Saint Eustache , à la
Place Baudoyer , à la porte du Sieur
Chiquet, Avocat en nos Conseils, aux
Petits Peres, à l'Assomption, aux Capu-
cins de Saint Honoré , à Saint Paul, à
Saint Sulpice , au Luxembourg , aux
Cordeliers , ou autres lieux , endroits &
Places publiques, ordinaires & accou-
tumées. Autant de laquelle Affiche auroit été mis & apposé le 11 dudit mois
d'Octobre 1746 en présence de Vassal
notre Huissier ordinaire en nos Conseils,
à Fontainebleau , Nous y étant , aux
portes des Hôtels & Pavillons de notre
très-cher & féal Chancelier, du Contrôleur Général de nos Finances , de

D

notre très-cher & coufin le Duc de Bethune , Chef du Confeil de nos Finances , à la porte de notre Château , de
notre Confeil & de nos Bâtimens, à
celles des Sieurs Trudaine, d'Ormeſſon,
de Baudry, de Fulvy, Intendans de nos
Finances : Et le 29e. jour dudit mois
d'Octobre 1746 , le Confeil tenant audit Fontainebleau , & à l'iſſuë d'icelui,
ladite Affiche auroit été par ledit Vaſſal ,
notre Huiſſier ordinaire en nos Confeils,
lûë & publiée à haute & intelligible
voix, dans la Salle de notredit Confeil,
tenu par notre amé & féal Chancelier,
les portes ouvertes ; & ne s'étant préfenté aucun Avocat pour mettre au rabais , Nous aurions par Arrêt de notre
Confeil dudit jour 29e. Octobre 1746 ,
ordonné qu'il feroit procedé au premier Confeil d'après le 1 Décembre
1746 , là où il fe tiendroit, à la feconde
publication & réception des miſes au
rabais dudit Bail de l'entretenement du
Pavé de notre bonne Ville , Fauxbourgs
& Banlieuë de Paris : Et le 10e. jour de

Novembre 1746, autant de ladite Affiche du 20 Septembre 1746, contenant
que ladite publication feroit faite à Verfailles le 4ᵉ. jour de Décembre 1746,
auroit été mis & appofé en préfence de
Fleury de Gaumont, Huiffier ordinaire
en nofdits Confeils, aux portes, entrées
& lieux énoncés ci - deffus , & autres
endroits & Places publiques , ordinaires
& accoutumés : Et le 28ᵉ. jour du mois
de Novembre audit an 1746 , autant de
ladite Affiche auroit été en préfence de
Vaffal, notre Huiffier ordinaire en nofdits Confeils , mife & appofée à Verfailles, Nous y étant , aux portes des Hôtels ou Pavillons de notre très-cher &
féal Chancelier , du Sieur Contrôleur
Général de nos Finances , de notre très-
cher & coufin le Duc de Bethune , des
Sieurs Trudaine , d'Ormeffon , de Baudry , de Boulongne , Confeillers d'Etat,
Intendans de nos Finances , à la principale porte du Château , à celle de nos
Bâtimens , & à celle de la Salle de notre
Confeil : Et le 4ᵉ. jour de Décembre

audit an 1746, autant de ladite Affiche auroit encore été mis & appofé en préfence de Vaffal, notre Huiffier ordinaire en nos Confeils, à Verfailles, aux mêmes endroits que deffus : Et le même jour 4e. Décembre 1746, le Confeil tenant à Verfailles, & à l'iffuë d'icelui, ladite Affiche auroit été, par ledit Vaffal notre Huiffier ordinaire en nos Confeils, lûë & publiée à haute & intelligible voix, les portes ouvertes ; fe feroit préfenté M^e. Chiquet, Avocat en nofdits Confeils, qui auroit offert de fe rendre Adjudicataire dudit Bail, à raifon de 450000 livres, M^e. de la Roche auffi Avocat en nofdits Confeils, à 380000 livres, & ledit M^e. Chiquet à 370000 livres ; & ne s'étant préfenté aucun autre Avocat pour mettre au rabais, Nous aurions par Arrêt de notre Confeil du 5 Décembre 1746, ordonné qu'il feroit procedé au premier Confeil d'après le 18 dudit mois de Décembre, là où il fe tiendroit, à l'Adjudication dudit Bail pour neuf années confécutives, qui commenceront au premier Janvier 1747, de l'entretenement du Pavé de notre bonne Ville, Fauxbourgs & Banlieuë de Paris, sur la mise au rabais de Me. Chiquet Avocat en nos Conseils, à la somme de 370000 livres, pour chacune desdites neuf années : Et le dixiéme jour de Décembre 1746 autant de ladite Affiche dudit jour 20e. de Septembre 1746 , auroit été en présence de Fleury de Gaumont , notre Huissier ordinaire en nos Conseils, mis & apposé aux endroits, lieux & portes désignés dans les Procès-verbaux des 1 Octobre & 10 Novembre 1746 : Et le 19e. jour de Décembre audit an 1746 , autant de ladite Affiche auroit été par le Page notre Huissier ordinaire en nos Conseils, apposé à Versailles, aux portes des Hôtels & Pavillons de notre très-cher & féal Chancelier, du Sieur Contrôleur Général de nos Finances , de notre très-cher & cousin le Duc de Bethune, Chef de notre Conseil des Finances, des Sieurs Trudaine, d'Ormesson, de Baudry & de Boulongne,

Conseillers d'Etat, Intendans de nos Finances, à la principale porte de notre Château de Versailles, à celle de nos Bâtimens & à celle de la Salle de notre Conseil : Et ledit jour 19 Décembre 1746 ladite Affiche auroit été par le Page, notre Huissier ordinaire en nos Conseils, lûë & publiée à haute & intelligible voix, en la Salle de notre Conseil à Versailles, & à l'issuë d'icelui, tenu par notre très-cher & féal Chancelier; se seroit présenté Mᵉ. la Roche, Avocat en nosd. Conseils, qui auroit offert de se rendre Adjudicataire dudit Bail à 360000 livres, ledit Mᵉ. Chiquet à 340000 livres, ledit Mᵉ. de la Roche à 330000 livres, & ledit Mᵉ. Chiquet à 320000 livres ; & ne s'étant présenté aucun autre Avocat pour mettre au rabais, Nous aurions par Arrêt de notre Conseil dudit jour 19 Décembre 1746, ordonné qu'il seroit procedé au premier Conseil d'après le 1 Janvier 1747, là où il se tiendroit, à l'Adjudication dud. Bail pour neuf années consécutives, qui commenceront aud. jour premier Janvier 1747, de l'entretenement du Pavé de notre bonne Ville, Fauxbourgs & Banlieuë de Paris, fur la mife au rabais fait par ledit Me. Chiquet, Avocat en nofdits Confeils, à ladite fomme de 320000 livres, pour chacune defdites neuf années : Et le 24e. jour de Décembre audit an 1746, autant de ladite Affiche auroit été en préfence de Fleury de Gaumont, notre Huiffier ordinaire en nos Confeils, mis & appofé aux mêmes portes, lieux & endroits que ceux énoncés ci-deffus : Et le 2e. Janvier 1747 autant de ladite Affiche auroit été en préfence de Debrye notre Huiffier ordinaire en nos Confeils, mis & appofé à Verfailles, aux portes des Hôtels & Pavillons énoncés dans le Procès-verbal d'appofition du 19 Décembre dernier 1746 : Et ledit jour 2e. Janvier 1747 ladite Affiche auroit été par Debrye, notre Huiffier ordinaire en nos Confeils, lûë & publiée à haute & intelligible voix, en la Salle de notre Confeil, tenu par notre très - cher & féal Chancelier , à l'iffuë d'icelui , les portes du Confeil ouvertes ; fe feroit préfenté pendant le premier feu ledit M^e. Chiquet, Avocat en nos Confeils, qui auroit offert de fe rendre Adjudicataire dudit Bail , à raifon de 320000 livres , M^e. de la Roche auffi Avocat en nos Confeils auroit offert de s'en charger , à raifon de 315000; & M^e. Armand auffi Avocat en nos Confeils , auroit offert de s'en charger, à raifon de 310000 livres : Pendant le fecond feu fe feroit préfenté ledit M^e. Chiquet qui auroit offert de fe rendre Adjudicataire dudit Bail , à raifon de 308000 livres ; fe feroit auffi préfenté M^e. de la Roche , qui auroit offert de s'en charger, à raifon de 306000 livres ; fe feroit encore préfenté M^e. Armand , qui auroit offert de s'en charger, à raifon de 302000 livres ; & pendant le troifiéme feu fe feroit préfenté ledit M^e. Chiquet, qui auroit offert de s'en charger, à raifon de 298000 livres ; ledit M^e. Armand à 297000 livres ; ledit M^e.

de

de la Roche à 296000 livres, & ledit
M^e. Chiquet à 295000 livres; & les
feux des bougies s'étant éteints, fans
qu'il fe foit préfenté d'autre perfonne,
qui ait fait des offres au-deffous de celles
dudit M^e. Chiquet, notre Confeil auroit
adjugé audit M^e. Chiquet le Bail de l'entretenement dudit Pavé de notre bonne
Ville, Fauxbourgs & Banlieuë de Paris,
pour lefdites neuf années commencées
au 1 Janvier 1747, moyennant ladite
fomme de 295000 livres pour chacune
defdites neuf années, aux charges, claufes & conditions portées par l'Affiche
ci-deffus énoncée, & en outre de donner bonnes & fuffifantes Cautions, qui
feroient leurs foumiffions au Greffe du
Confeil avant la délivrance du Bail le
13 dudit mois de Janvier 1747 : Ledit
M^e. Chiquet auroit fait fa déclaration au
Greffe de notre Confeil, que l'Adjudication qui lui a été faite dudit Bail de
l'entretenement du Pavé de Paris, étoit
pour & au profit du Sieur Pierre Outrequin, Bourgeois de Paris, y demeu-

E

rant ruë du Fauconnier, Paroiſſe Saint
Paul, qui auroit accepté ladite déclaration par Acte reçu audit Greffe de notre Conſeil le 14 deſdits mois & an, &
ſe ſeroit ſoumis & obligé de ſatisfaire à
toutes les clauſes & conditons d'icelle,
à peine d'y être contraint comme pour
nos deniers & affaires ; & pour cet effet
il auroit élû ſon domicile dans ſadite
demeure : Et le même jour 14ᵉ. Janvier
1747 ledit Sieur Outrequin auroit fourni pour ſa Caution Damoiſelle Marie-
Louiſe – Victoire le Gay ſon épouſe,
demeurante avec lui ſuſdite ruë & Paroiſſe, & de lui autoriſée ; laquelle Damoiſelle Outrequin auroit fait ſa ſoumiſ-
ſion audit Greffe de notre Conſeil, & ſe
feroit volontairement obligée conjoin-
tement & ſolidairement avec le Sieur
Outrequin ſans diviſion, diſcution, ni
fidejuſſion à quoi elle auroit renoncé, à
l'entiere exécution de ladite Adjudication du Bail de l'entretenement dudit
Pavé de Paris pour le tems, prix, charges,
clauſes & conditions d'icelle, à peine

d'y être contrainte comme pour nos deniers & affaires, & pour cet effet elle auroit élû son domicile dans sadite demeure : A CES CAUSES, de l'avis de notre Conseil, Nous avons audit Sieur Outrequin, suivant & conformément à l'Adjudication faite en notre Conseil le 2 Janvier 1747 de l'entretenement du Pavé de notre bonne Ville, Fauxbourgs & Banlieuë de Paris, fait Bail, Adjudication & délivrance d'icelle, pour en jouir aux charges, clauses & conditions portées par ladite Adjudication & Affiche ci-devant exprimées, moyennant le prix & somme de 295000 livres, de laquelle somme il sera payé pendant chacune desdites neuf années du présent Bail, à commencer du 1 Janvier de ladite année présente 1747, des fonds qui seront à cet effet par Nous destinés ; & attendu que pour sûreté dudit prix, charges, clauses & conditions dudit présent Bail & exécution d'icelui, ledit Sieur Pierre Outrequin & ladite Damoiselle Marie-Louise-Victoire le Gay son époufe fa Caution, ont fait leurs foumiffions au Greffe de notre Confeil , dont les Actes font ès mains du Secrétaire de notredit Confeil , pour y avoir recours quand befoin fera ; Nous les difpenfons de donner d'autre Caution en notre Chambre des Comptes ni ailleurs , pour quelques caufes que ce foit. SI DONNONS EN MANDEMENT à nos amés & féaux Confeillers , les Préfidens Tréforiers de France au Bureau de nos Finances à Paris , que le préfent Bail ils ayent à faire regiftrer , & du contenu en icelui jouir & ufer lefdits Sieur & Damoifelle Outrequin , & leurs ayans caufes , pleinement & paifiblement , ceffant & faifant ceffer tous troubles & empêchemens à ce contraires , nonobftant oppofition , appellation quelconques , pour lefquelles fans préjudicier ne fera differé , & dont fi aucunes interviennent , Nous en avons retenu & réfervé , retenons & réfervons à notre Confeil la connoiffance , & icelle interdifons & défendons à toutes nos Cours & autres Juges.

CAR tel eſt notre plaiſir. DONNÉ à Verſailles le vingt-huitiéme jour de Février l'an de grace mil ſept cent quarante-ſept : Et de notre Regne le trente-deuxiéme. Collationné. Par le Roi en ſon Conſeil, DE VOUGNY.

Regiſtré au Bureau des Finances de la Généralité de Paris, oui ſur ce le Procureur du Roi, pour être exécuté ſelon ſa forme & teneur pour le tems, prix, charges, clauſes & conditions y portées ; en conſéquence l'Entrepreneur ſe trouvera tous les Samedis au Bureau de la Direction qui ſera tenu conformément aux Reglemens ; du prix duquel Bail l'Adjudicataire ne pourra être payé que ſur nos Mandemens & Ordonnances, en la maniere accoutumée ; le tout conformément à notre Ordonnance de ce jourd'hui 17 Mars 1747. Collationé. Signé, MERAULT, MIGNOT DE MONTIGNY, DENISET, DE BONNY, COUSIN, MAIGRET, COSTAR, BOURSIER.

Par meſdits Sieurs, ISSALY.

LEs Préſidens Tréſoriers de France Généraux des Finances, & Grands Voyers en la Généralité de Paris, ſur la Requête préſentée au Bureau par Pierre Outrequin, Adjudicataire de l'entretenement du Pavé de la Ville de Paris, Fauxbourgs & Banlieuë d'icelle, contenant qu'il a été fait au Conſeil du Roi un nouveau Bail du Pavé de Paris pour neuf années, qui ont commencé au 1 Janvier de l'année courante 1747, & qui finiront le dernier Décembre 1755 ; que ce Bail a été adjugé le 2 Janvier dernier à Mᵉ. Chiquet Avocat au Conſeil, aux clauſes & conditions portées par les Affiches : Lequel dit Mᵉ. Chiquet auroit fait ſa déclaration au Greffe du Conſeil le 13 dudit mois de Janvier, que l'Adjudication qui lui a été faite dudit Bail, moyennant le prix & ſomme de 295000 livres, étoit pour, & au profit dudit Sieur Outrequin, qui auroit accepté ladite déclaration par Acte reçu au Greffe du Conſeil le 14

dudit mois de Janvier, & ledit jour fourni pour fa Caution Damoifelle Marie-
Louife-Victoire le Gay fa femme ; laquelle auroit fait à l'inftant fa foumif-
fion entre les mains du Secrétaire du
Confeil , & s'eft foumife & obligée
d'exécuter ladite Adjudication pour le
tems , prix, charges, claufes & conditions portées en icelle ; en conféquence
dequoi Bail auroit été fait audit Sieur
Outrequin le 28 Février dernier , de
l'entretenement du Pavé de la Ville,
Fauxbourgs & Banlieuë de Paris , aux
charges , claufes & conditions portées
par ladite Adjudication , moyennant le
prix de 295000 livres par chacun an , à
commencer du premier Janvier de la
préfente année. Et attendu que ce Bail
eft adreffé en ce Bureau pour en ordonner l'exécution , requeroit qu'il nous
plût ordonner ledit Bail être regiftré pour
être exécuté felon fa forme & teneur ;
comme le contient ladite Requête. Vu
laquelle, ledit Bail, Conclufions du Procureur du Roi , auquel le tout auroit été

montré de notre Ordonnance: Oui le rapport de M. Deniſet, Tréſorier de France en ce Bureau : Et tout conſideré, NOUS, ayant égard à la Requête du Supliant, ordonnons que l'Arrêt portant Bail de l'entretenement du Pavé de la Ville, Fauxbourgs & Banlieuë de Paris, dudit jour 28 Février 1747, ſera regiſtré en ce Bureau pour être exécuté ſelon ſa forme & teneur, pour le tems, prix, charges, clauſes & conditions y portées ; en conſéquence l'Entrepreneur ſe trouvera tous les Samedis au Bureau de la Direction qui ſera tenu conformément aux Réglemens ; du prix duquel Bail l'Adjudicataire ne pourra être payé que ſur nos Mandemens & Ordonnances, en la maniere accoutumée. Fait au Bureau des Finances à Paris le 17 Mars 1747. Collationné. *Signé*, MERAULT, MIGNOT DE MONTIGNY, DENISET, DE BONNY, COUSIN, MAIGRET, COSTAR, BOURSIER.

Par meſdits Sieurs, ISSALY.